Teresa Zabori

Wikinger

aus der Reihe

Abenteuer Weltwissen

Hrsg. Hans-Jürgen van der Gieth

© Hannah Zückler

Zur Autorin:

Teresa Zabori wandelt schon lange auf den Spuren der Wikinger und ist ein echter Skandinavien-Fan. Nicht nur die Stabkirchen, sondern auch das raue Klima und die gigantischen Fjorde und Gletscher haben es ihr angetan. Sie arbeitet als Autorin und Redakteurin und lebt mit ihrer Familie in Düsseldorf.

Impressum

Bibliografische Information der Deutschen Bibliothek

Die Deutsche Bibliothek verzeichnet diese Publikation in der Deutschen Nationalbibliografie; detaillierte bibliografische Daten sind im Internet über www.dnb.de abrufbar.

www.buchverlagkempen.de

2. Auflage, Kempen 2020
© 2020 BVK Buch Verlag Kempen GmbH, Kempen

Nach der neuen deutschen Rechtschreibung

Alle Rechte dieser Ausgabe vorbehalten durch
BVK Buch Verlag Kempen GmbH

Autorin: Teresa Zabori

Hrsg.: Hans-Jürgen van der Gieth, Kempen

Lektorat: Simone Mann, BVK

Layout und Gestaltung: Christine Anuschewski-Dietrich, BVK; Laura Menz, BVK

Illustrationen: Sarah Frontschek, BVK (S. 28 / 29); Sonja Thoenes, Kempen (S. 24 / 25, 52); Daniela Heirich, Oberhausen (Prof. Kniffelogus)

Druck / Bindung: Jettenberger Internationale Druckagentur, D-Königsbrunn

Printed in Europe

Best.-Nr.: SB25, ISBN 978-3-86740-776-2

Teresa Zabori

Wikinger

aus der Reihe

Abenteuer Weltwissen

Inhalt

Zeittafel

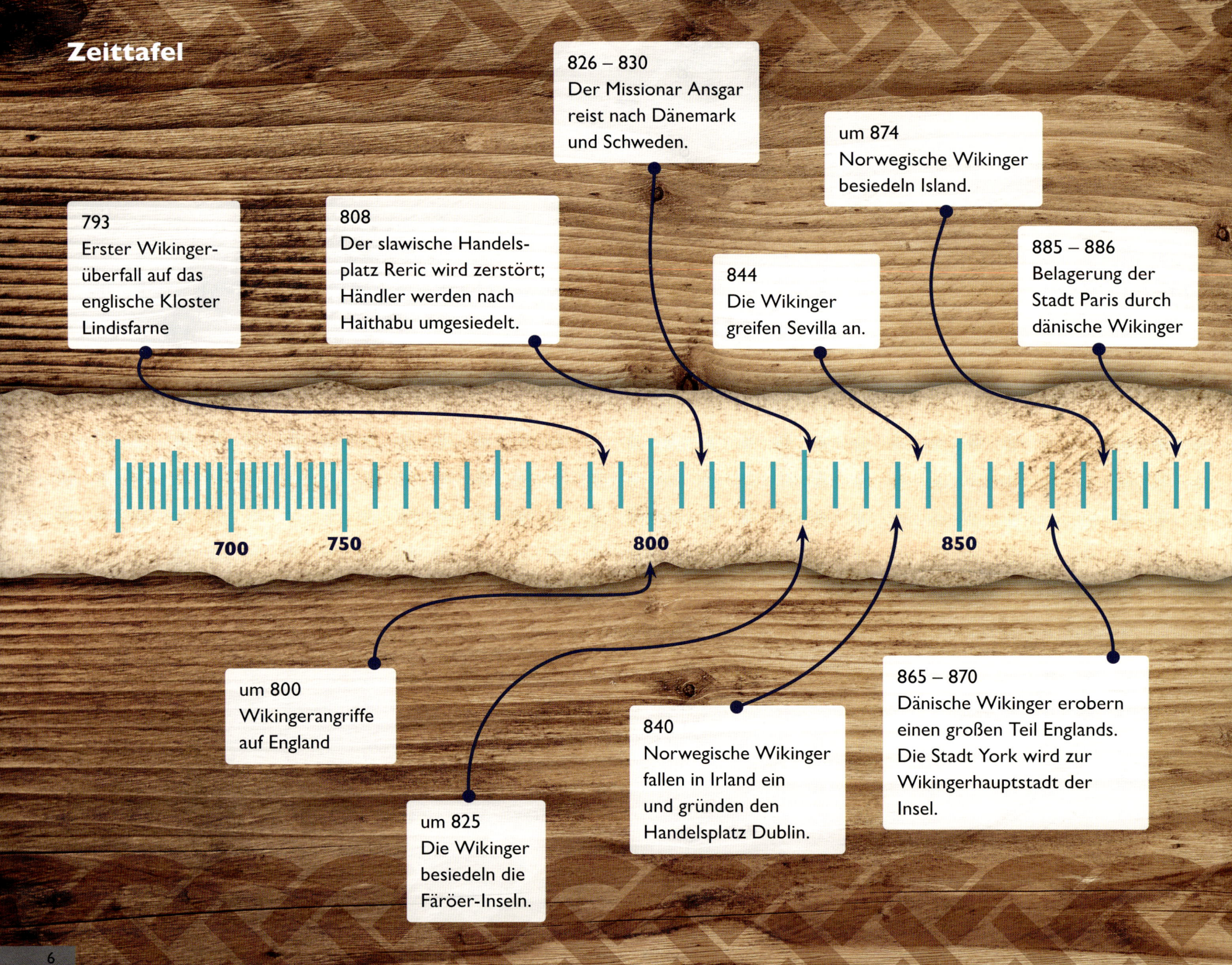

826 – 830
Der Missionar Ansgar reist nach Dänemark und Schweden.

um 874
Norwegische Wikinger besiedeln Island.

793
Erster Wikinger-überfall auf das englische Kloster Lindisfarne

808
Der slawische Handels-platz Reric wird zerstört; Händler werden nach Haithabu umgesiedelt.

844
Die Wikinger greifen Sevilla an.

885 – 886
Belagerung der Stadt Paris durch dänische Wikinger

700   **750**   **800**   **850**

um 800
Wikingerangriffe auf England

um 825
Die Wikinger besiedeln die Färöer-Inseln.

840
Norwegische Wikinger fallen in Irland ein und gründen den Handelsplatz Dublin.

865 – 870
Dänische Wikinger erobern einen großen Teil Englands. Die Stadt York wird zur Wikingerhauptstadt der Insel.

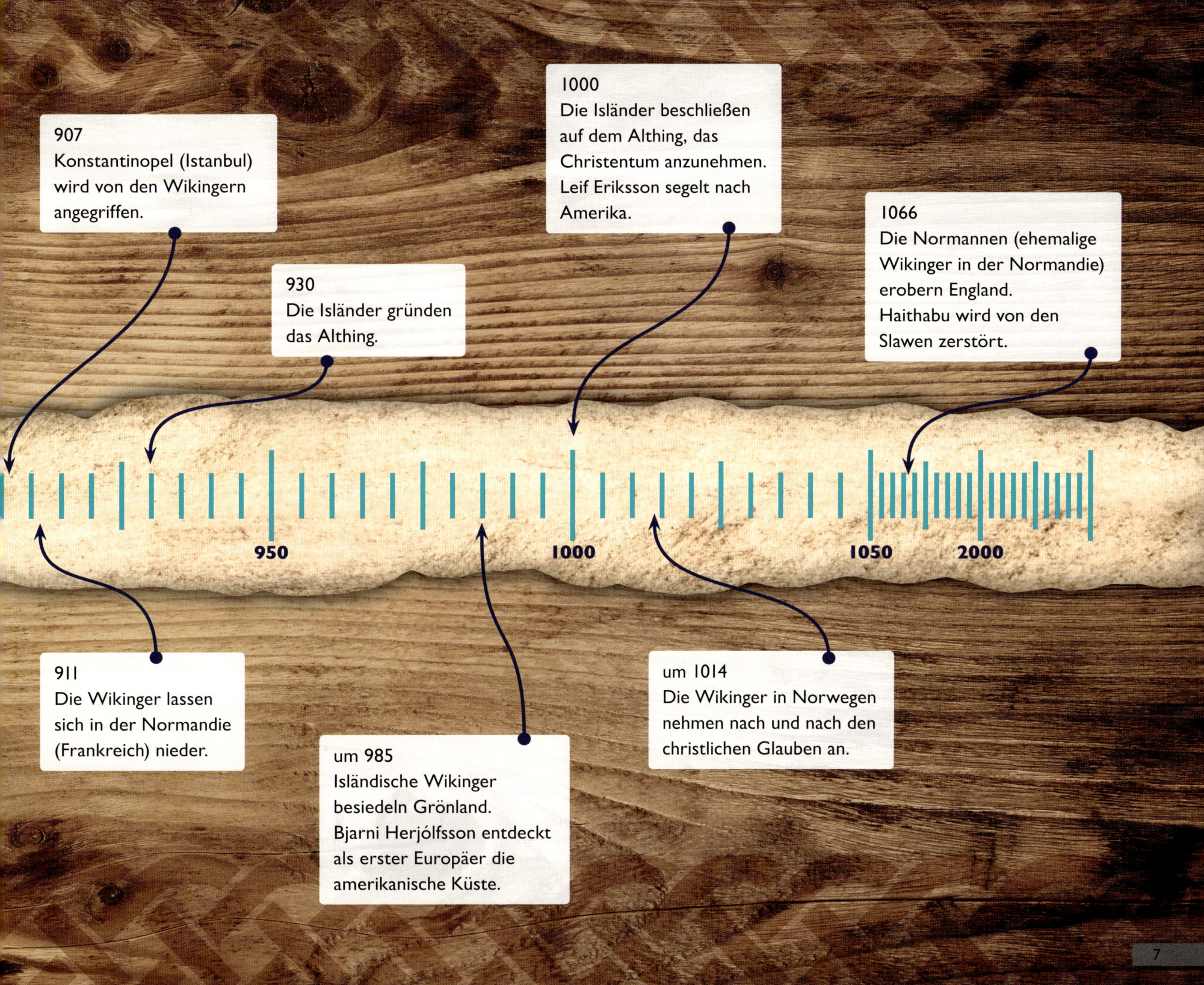

907
Konstantinopel (Istanbul) wird von den Wikingern angegriffen.

930
Die Isländer gründen das Althing.

1000
Die Isländer beschließen auf dem Althing, das Christentum anzunehmen. Leif Eriksson segelt nach Amerika.

1066
Die Normannen (ehemalige Wikinger in der Normandie) erobern England. Haithabu wird von den Slawen zerstört.

950

1000

1050   2000

911
Die Wikinger lassen sich in der Normandie (Frankreich) nieder.

um 985
Isländische Wikinger besiedeln Grönland. Bjarni Herjólfsson entdeckt als erster Europäer die amerikanische Küste.

um 1014
Die Wikinger in Norwegen nehmen nach und nach den christlichen Glauben an.

Die Heimat der Wikinger

Die Wikinger kamen aus dem hohen Norden Europas, aus *Skandinavien*. Zu Skandinavien gehören die heutigen Länder Norwegen, Schweden, Finnland und Dänemark. Manchmal wird auch Island zu den skandinavischen Ländern gezählt. Die meisten Menschen dort waren Bauern. Viele lebten auf einzelnen Höfen, die weit auseinanderlagen. Manche wohnten in kleinen, entlegenen Dörfern. Sie hielten Nutztiere wie Hühner, Schafe und Rinder. Wo der Boden fruchtbar und das Klima mild genug war, bauten die Menschen Getreide an. Außerdem fingen sie Fische, gingen auf die Jagd und trieben Handel mit Pelzen, Speckstein (weiches Gestein) und Honig.

Heimat der Wikinger
Fahrten der Wikinger

Die Landschaften in Skandinavien

Zu Fuß oder mit ihren Pferden kamen die Menschen im Landesinneren nur mühsam voran: Hohe Berge, weite Sumpfgebiete und große Seen stellten für Reisende oft Hindernisse dar, die nur schwer zu überwinden waren. Es gab auch nur wenige sehr schlechte Wege, die einzelne Dörfer und Höfe miteinander verbanden. Umso schneller war man auf dem Wasser: Mit Booten und Schiffen konnten in kurzer Zeit große Strecken zurückgelegt werden.

Norwegen ist von hohen, schneebedeckten Bergketten durchzogen. An der Küste schneiden sich *Fjorde* (Meeresarme) weit ins Landesinnere hinein.

In Schweden gibt es viele Seen, Sümpfe und große Wälder, aber auch fruchtbare Ebenen.

Dänemark ist sehr flach und war zur Zeit der Wikinger von riesigen Wäldern bedeckt. Flüsse und Sümpfe durchzogen die Landschaft.

Finnland wird auch als das Land der 1 000 Seen bezeichnet.

3 Fragen an Professor Kniffelogus

1. Herr Professor, wann lebten die Wikinger eigentlich?

Die Wikinger lebten vor ungefähr tausend Jahren, zur Zeit des Mittelalters. Als Beginn der Wikingerzeit wird oftmals der erste berühmte Überfall auf das englische Kloster *Lindisfarne* angesehen. Das war im Jahr 793. In den folgenden Jahrhunderten machten die Wikinger große Teile Europas unsicher. Aber sie trieben auch Handel und besiedelten noch unbewohnte Gebiete, wie zum Beispiel Island. Als Ende der Wikingerzeit gilt allgemein das Jahr 1066. Da haben sie Schlachten bei Stamford Bridge und Hastings in England verloren. Natürlich gab es danach auch noch Wikinger, aber die Zeit der großen Raubzüge war vorbei.

2. Warum heißen die Wikinger eigentlich „Wikinger"?

Das Wort „Wikinger" stammt aus dem Altnordischen, der Sprache, die die Wikinger sprachen. *Víkingr* bedeutet so viel wie Seeräuber oder Pirat.

3. Aber nicht alle Wikinger waren Seeräuber, oder?

Nein, wenn wir heute von „Wikingern" sprechen, meinen wir alle Menschen, die damals in Skandinavien lebten. Die meisten lebten dort recht friedlich als Bauern, Handwerker und Händler. Nur manche von ihnen waren *víkingr* im ursprünglichen Sinne, also Seeräuber. Wenn ein Mann auf *Vikingfahrt* ging, dann stach er mit seinem Schiff und seiner Mannschaft in See, um Kirchen, Klöster oder reiche Städte auszuplündern.

Alltagsleben auf dem Wikingerhof

In Skandinavien war das Leben hart. Kurze Sommer und lange, kalte Winter bestimmten das Leben der Wikinger. Im Frühjahr wurden die Felder gepflügt und Samen ausgesät. Anschließend verließen viele Männer ihre Höfe, um an den Vikingfahrten – den Raub- und Plünderungszügen – teilzunehmen. Im Herbst kehrten sie dann wieder zur Ernte nach Hause zurück. Nun rüstete sich die ganze Familie für den Winter: Nüsse und Beeren wurden gesammelt, Obst und Fisch getrocknet, Fleisch gepökelt und weitere Nahrungsmittel für den Winter haltbar gemacht.

In der langen, dunklen Winterzeit wurden Segel geflickt und kleinere Reparaturarbeiten durchgeführt. Oft lag der Schnee mehrere Meter hoch, sodass die Wikinger ihre Häuser kaum verlassen konnten. Aber das hatte auch etwas Gutes: Nun blieb viel Zeit zum Spielen und Geschichtenerzählen.

Die Häuser der Wikinger

In Skandinavien bauten die Wikinger ihre Häuser meist aus Holz. Typisch war das sogenannte *Langhaus*. Es bestand aus einer großen Halle, in der die ganze Familie ihre Mahlzeiten einnahm, arbeitete und auch schlief. Außerdem gab es meist noch eine kleine Vorratskammer und einen abgetrennten Stall, in dem Ziegen, Schafe, Schweine und Rinder gehalten wurden.

In der Mitte der großen Halle brannte die ganze Zeit über ein Feuer. Über ihm wurden in einem großen Kessel die Mahlzeiten gekocht. Das Feuer spendete auch Wärme und Licht, denn eine Heizung gab es nicht und meistens auch keine Fenster. Dadurch war es im Inneren des Hauses ziemlich stickig und verqualmt. Nur durch ein kleines Loch im Dach konnte der Rauch abziehen.

Der Fußboden bestand aus festgestapftem Lehm. An den Wänden standen Bänke aus Erde, die mit Holz verkleidet waren. Hierauf setzten sich die Wikinger zum Essen oder bei ihren Arbeiten. Nachts legten sie Felle oder Wolldecken auf die Bänke und nutzten sie als Betten. Ihre Kleider und wertvollen Gegenstände bewahrten die Wikinger in Holztruhen auf, die sich auch abschließen ließen. In manchen Häusern waren die Wände mit Fellen oder gewebten Teppichen geschmückt.

Zu den Mahlzeiten stellten sie lange Tische und Holzbänke an die Wände. Es gab eine feste Sitzordnung: In einem Hochsitz vor dem Feuer saß der Hausherr, neben ihm seine Familie, Freunde und an den Enden der Tische die Haushaltsmitglieder mit dem niedrigsten Rang. Gäste nahmen gegenüber dem Hausherren auf der anderen Seite des Feuers Platz.

Feuerstelle

Langhaus

Wusstest du schon?

Nicht überall hatten die Wikinger Holz für den Hausbau. Deshalb verwendeten sie dafür auch andere Materialien. Sie füllten die Zwischenräume der Holzbalken mit geflochtenen Zweigen und Lehm.
Solche Wikingerhäuser wurden zum Beispiel in York (England), Dublin (Irland) und *Haithabu* (Deutschland) errichtet. Auf den Inseln im Atlantik bauten die Wikinger ihre Häuser aus Grassoden (viereckige Stücke einer Rasenfläche).

Häuser

Die Arbeit auf dem Hof

Die Frauen und Mädchen

Die Frauen und Mädchen waren den ganzen Tag über mit Arbeiten im Haus und Garten beschäftigt: Sie bereiteten die Mahlzeiten zu, wuschen die Wäsche, fütterten die Tiere und jäteten das Unkraut. Viel Zeit brauchte man für das Herstellen von Kleidung. Einen großen Teil des Tages verbrachten die Frauen und Mädchen damit zu spinnen, Garn zu färben, zu weben und zu nähen. Alle Kleidungsstücke mussten in mühseliger Arbeit selbst hergestellt werden. Die Wolle der Schafe wurde zu Garn gesponnen und anschließend zu Stoffen gewebt.

Ein großer Webrahmen stand in fast jedem Haus an der Wand. Weben war eine harte Arbeit, denn dabei musste man stundenlang stehen. Für die Kleidung, aber auch die Schiffssegel, verwendeten die Wikingerfrauen leuchtende Farben. Oft wurde der Stoff mit geometrischen Mustern verziert.

Die Männer und Jungen

Die Männer verbrachten die Tage mit ihren Söhnen im Freien. Dort gab es viel zu tun: Die Felder mussten gepflügt, das Korn ausgesät und später wieder geerntet werden. In den Wäldern wurden Bäume für Brennholz oder für den Schiffsbau gefällt. Die Männer gingen auch auf die Jagd oder fuhren mit ihren Booten auf die Fjorde, Seen oder das Meer zum Fischen.

Wusstest du schon?

Schon mit zwölf Jahren wurden Wikingerkinder als Erwachsene angesehen. Die Jungen durften dann auf Vikingfahrten mitkommen und die Mädchen konnten verheiratet werden.

Spiele und Geschichten

Obwohl die Kinder bei allen Arbeiten kräftig mit anpacken mussten, blieb für sie auch noch Zeit zum Spielen: Mit Stoffpuppen, Holzpferdchen oder kleinen *Drachenbooten* spielten sie die Reisen und Abenteuerfahrten ihrer Väter nach.

Im Freien liefen sie um die Wette, warfen sich Bälle zu oder kämpften mit Holzschwertern. Sie gingen auch gern schwimmen oder ritten auf Pferden.

Brettspiele waren nicht nur bei den Kindern, sondern auch bei den Erwachsenen sehr beliebt. Sie spielten gern Schach, *Hnefatafl* oder die Variante *Halatafl*, die ein wenig dem heutigen „Fuchs und Gänse" ähnelt. Mit Spielsteinen aus Glas oder Knochen versuchten sie, durch geschickte Spielzüge die Figuren ihres Gegners zu schlagen.

Auch ohne Fernseher, DVDs und Bücher wurde den Wikingern an den langen dunklen Winterabenden nicht langweilig, denn sie waren hervorragende Geschichtenerzähler. Die Männer berichteten von ihren abenteuerlichen Reisen, dachten sich Rätsel aus oder erzählten Sagen aus der Götterwelt. Ihre Zuhörer hingen ihnen oft wie gebannt an den Lippen.

Da im Winter die Seen und auch viele Flüsse zugefroren waren, benutzten die Wikinger für kleinere Ausflüge Schlittschuhe. Diese bestanden aus Rinderknochen, die mit einem Riemen unter ihre Schuhe gebunden wurden.

Spiele

Schlittschuhe

Hnefatafl

Geschichten

Essen und Trinken

Die Frauen bereiteten jeden Tag zwei Mahlzeiten zu: Morgens gab es einen einfachen Getreidebrei aus Gerste, Roggen oder Hafer, der mit warmem Wasser angerührt wurde. Ab und zu wurde auch Fladenbrot mit Butter und Käse gegessen.

Abends, wenn alle Arbeiten erledigt waren, versammelte sich die ganze Familie um das Feuer. Nun gab es die Hauptmahlzeit: Fische wurden gekocht oder gegrillt und mit einem Eintopf aus wilden Beeren und Gemüse serviert. Fleisch gab es nur an Festtagen, wenn ein Schaf oder ein Rind geschlachtet wurde. Eine ganze Reihe von Milchprodukten wie Buttermilch, Sahne und *Skyr* (gesalzene Dickmilch) ergänzten den Speiseplan. Dazu gab es Äpfel, Beeren und Pilze.

Im südlichen Skandinavien wurden die Mahlzeiten durch weitere Gemüsearten wie Zwiebeln, Erbsen, Bohnen, Lauch und Rüben verfeinert. Dort wuchsen auch Kräuter, zum Beispiel Petersilie und Dill.

Fladenbrot

Wusstest du schon?

Fladenbrote wurden schnell steinhart, blieben aber lange haltbar. Die Wikinger nahmen sie oft als Proviant auf ihren langen Schiffsreisen mit, ebenso wie Skyr und Stockfisch.

Gefangene Dorsche wurden an einem Gestell aufgehängt und in der Luft trocknen gelassen. So entstand *Stockfisch,* der sehr lange haltbar blieb und mit der Zeit zu einem sehr beliebten Handelsgut wurde.

Die Wikinger aßen mit den Fingern, Messern und Löffeln. Gabeln gab es noch nicht und meist auch keine Teller. Die Speisen wurden aus einem großen Topf gegessen.

Getrunken wurden Wasser, Milch und Gerstenbier. Auf Festen wurden alkoholische Getränke oft in großen Mengen ausgeschenkt. Neben Bier trank man vor allem warmen Met (Honigwein), Apfel- oder Johannisbeerwein. Die Getränke wurden in Bechern aus Holz oder Ton, oft auch in Trinkhörnern serviert.

Stockfisch

Trinkhorn

Die Kleidung

Wie ein Wikinger sich kleidete, hing davon ab, wie wohlhabend er war und welchen Stand er in der Gesellschaft hatte. Arme Bauern, Knechte, Mägde und Sklaven trugen sehr einfache Kleidung aus grobem Wollstoff. Die Kleidungsstücke der Jarls und freien Männer, die genug Geld besaßen, bestand aus feinen, meist bunt gefärbten Stoffen aus Wolle oder Leinen. Manchmal wurden sie sogar mit Gold- oder Silberfäden verziert.

Frauen trugen ein Unterkleid aus Leinen und darüber ein knöchellanges Wollkleid oder einen Trägerrock. Die Träger wurden mit sogenannten *Schalenfibeln* zusammengesteckt. Fibeln hielten die Kleidung zusammen, so ähnlich wie Sicherheitsnadeln.
Bei kaltem Wetter hielten lange Mäntel mit Kapuzen die Frauen schön warm. Diese Mäntel waren manchmal sogar mit Daunen oder anderen Federn gefüllt.
Bei ihren Arbeiten trugen die Frauen meistens ein Kopftuch. Ihr langes Haar flochten sie zu Zöpfen oder steckten es zu einem Knoten zusammen.

Frauen

Die Alltagskleidung der Männer bestand aus einem langen Unterhemd, über das eine *Tunika* (ein langes Hemd) gestreift wurde und einer Hose. Die Hosen konnten eng am Bein anliegen oder auch recht weit sein: Als besonders modisch galten Pluderhosen, wie man sie auch in Asien trug. Die Hosen reichten nur bis zu den Waden. Wenn es kalt war, wurden die Beine mit Wickelgamaschen oder gewebten Strümpfen warm gehalten.

An einem Ledergürtel waren wichtige Dinge befestigt, wie zum Beispiel ein Messer und ein Beutel. Die Männer trugen ihre Bärte meist lang, ebenso wie ihre Haare.

Vor schlechtem Wetter schützten sie Umhänge mit Kapuzen, die mit einer *Ringfibel* zusammengehalten wurden. Im Winter hielten Fell- und Wollmäntel die Kälte ab.

Die Schuhe der Wikinger bestanden aus Leder. Es gab Schuhe mit Schnüren oder Schnallen oder auch solche, in die man einfach nur hineinschlüpfen musste. Allerdings konnten sich nicht alle Wikinger solch einen Luxus leisten – Sklaven gingen zum Beispiel immer barfuß.

Praktische Schmuckstücke: Fibeln

Fibeln wurden aus unterschiedlichen Metallen gegossen: Einfache Fibeln wurden aus Bronze oder Eisen, kostbarere aus Silber oder Gold angefertigt. Manche waren recht schlicht, andere schön verziert. An die Fibeln wurden oft Gegenstände wie Messer oder Schlüssel gehängt.

Fibeln aus Gold

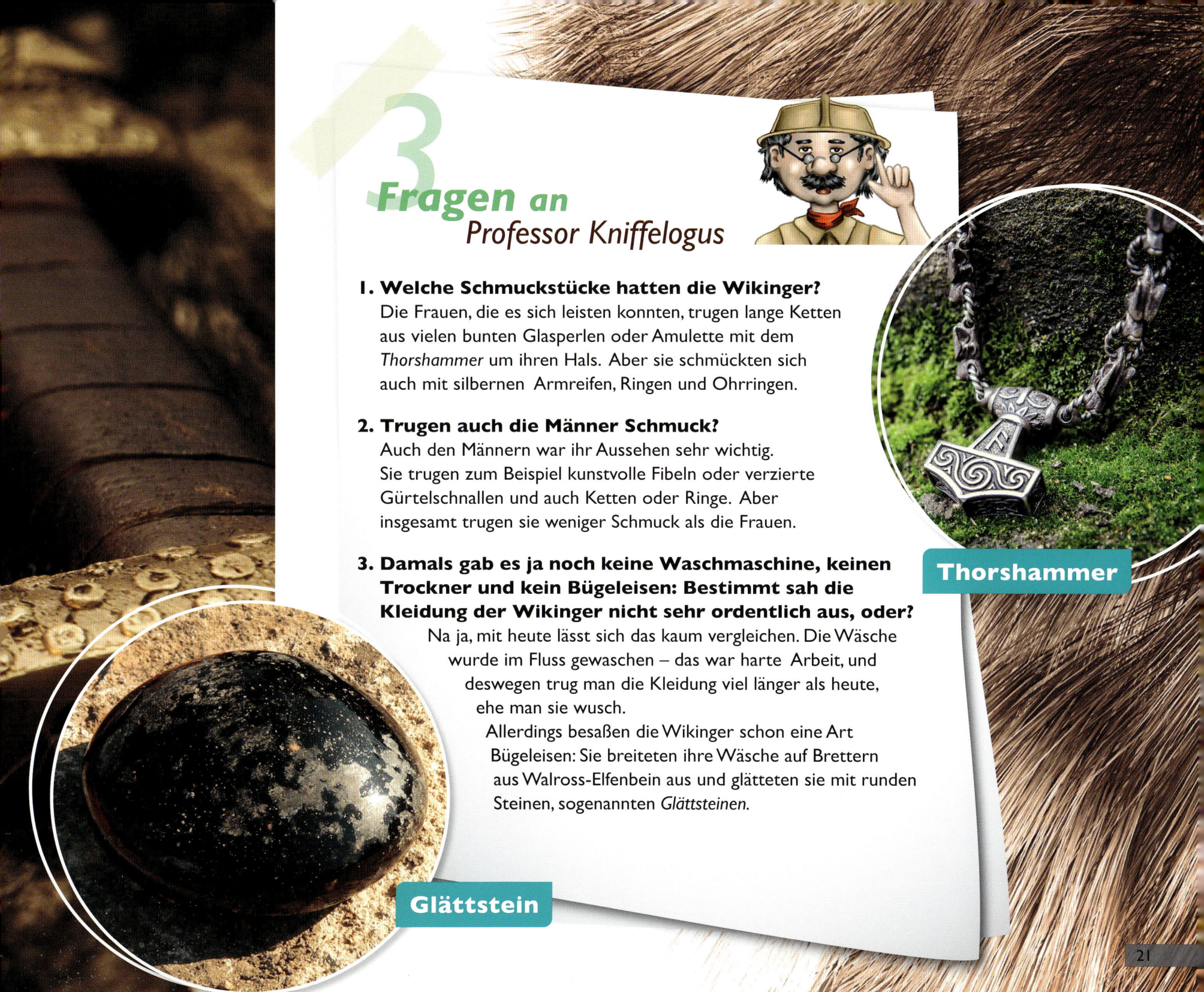

3 **Fragen** an
Professor Kniffelogus

1. Welche Schmuckstücke hatten die Wikinger?
Die Frauen, die es sich leisten konnten, trugen lange Ketten aus vielen bunten Glasperlen oder Amulette mit dem *Thorshammer* um ihren Hals. Aber sie schmückten sich auch mit silbernen Armreifen, Ringen und Ohrringen.

2. Trugen auch die Männer Schmuck?
Auch den Männern war ihr Aussehen sehr wichtig. Sie trugen zum Beispiel kunstvolle Fibeln oder verzierte Gürtelschnallen und auch Ketten oder Ringe. Aber insgesamt trugen sie weniger Schmuck als die Frauen.

3. Damals gab es ja noch keine Waschmaschine, keinen Trockner und kein Bügeleisen: Bestimmt sah die Kleidung der Wikinger nicht sehr ordentlich aus, oder?
Na ja, mit heute lässt sich das kaum vergleichen. Die Wäsche wurde im Fluss gewaschen – das war harte Arbeit, und deswegen trug man die Kleidung viel länger als heute, ehe man sie wusch.
Allerdings besaßen die Wikinger schon eine Art Bügeleisen: Sie breiteten ihre Wäsche auf Brettern aus Walross-Elfenbein aus und glätteten sie mit runden Steinen, sogenannten *Glättsteinen*.

Thorshammer

Glättstein

Die Schiffe

Zu ihren Schiffen hatten die Wikinger eine sehr enge Beziehung. Die langen, schlanken Drachenboote, die pfeilschnell durch die Wellen glitten, waren ihr ganzer Stolz. Und gleichzeitig auch ihre gefährlichste Waffe. Denn mit ihnen griffen die Wikinger genau dort an, wo es niemand vermutete: an den Küsten.

Mit ihren Drachenbooten konnten die Wikinger weite Strecken auf dem Meer zurücklegen, aber auch an flachen Stränden an Land gehen und die Flüsse hinauffahren. An den Flüssen lagen viele Städte, wie zum Beispiel Paris, London und Köln. Ihr Reichtum lockte die Wikinger an. Selbst eine größere Strecke auf dem Landweg konnte mit den Schiffen überwunden werden. Dazu zogen die Wikinger sie einfach über Holzrollen.

Mit ihren Schiffen gelangten die Wikinger an fast jeden Ort der damals bekannten Welt. Sie waren schneller, seetüchtiger und praktischer als die Schiffe im restlichen Europa – und machten die Wikinger zu den gefürchtetsten Seeräubern ihrer Zeit.

Erfahrene Seefahrer

Schon seit langer Zeit fuhren die Wikinger Nordeuropas in ihren Booten zum Fischen auf die Seen, Fjorde und das Meer. Aber auch über die Flüsse gelangten sie zu nahe gelegenen Siedlungen, um ihre Waren einzutauschen. Schiffe waren damals das wichtigste Verkehrsmittel in Skandinavien. Im Gegensatz zum Landweg konnte man mit Booten und Schiffen in kurzer Zeit große Strecken zurücklegen. So hatten die Wikinger für ihre ersten größeren Seereisen schon viel Erfahrung gesammelt.

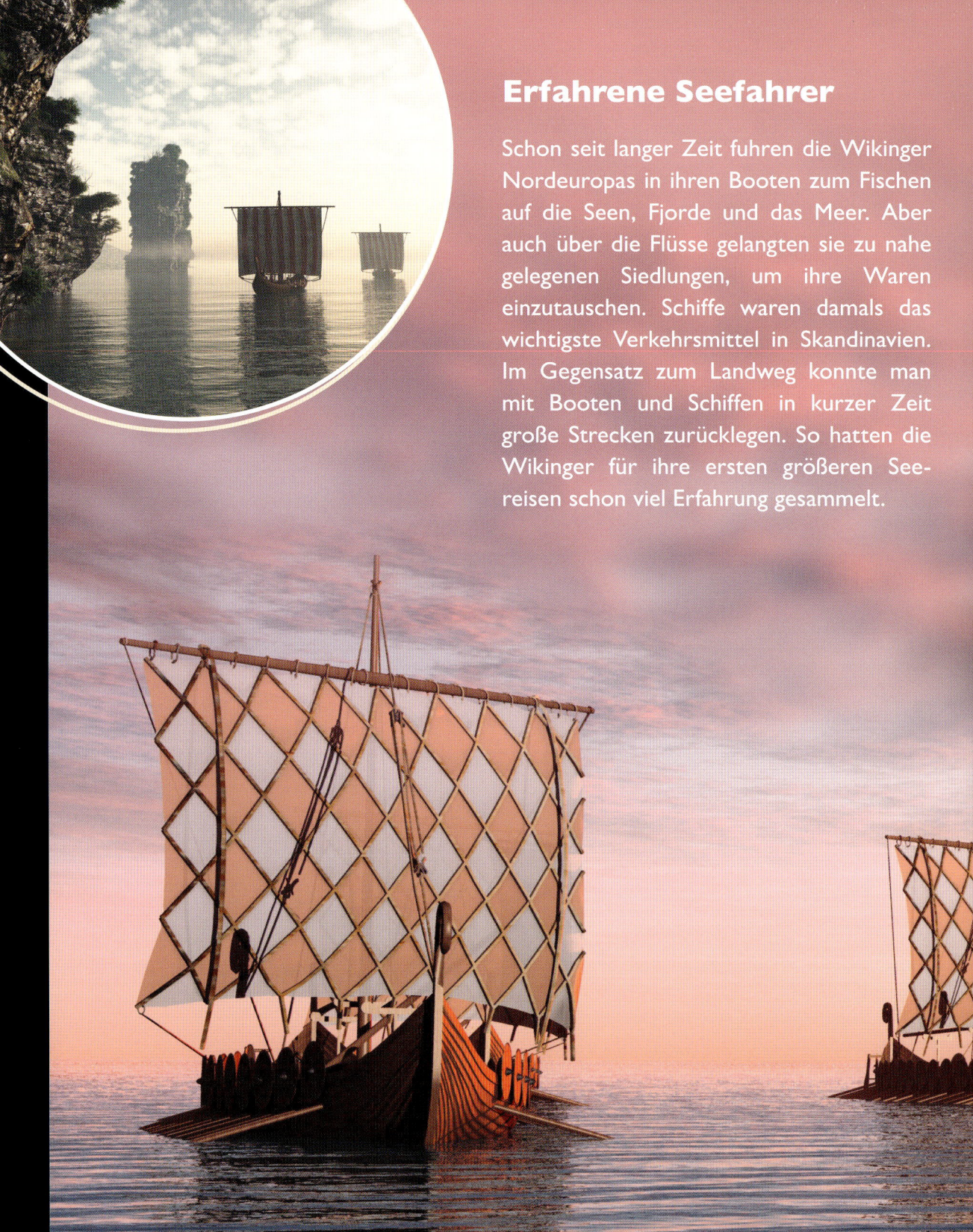

Wie bauten die Wikinger ihre Schiffe?

Wikingerschiffe wurden aus Holz in der sogenannten *Plankenbauweise* gebaut. Dabei wurden mehrere Holzbretter so übereinandergelegt, dass sie sich wie Dachziegel überlappten. Die Wikinger befestigten diese Holzbretter mit eisernen Nieten. Die Ritzen zwischen den Planken wurden mit Teer und Wollfäden verschlossen, sodass kein Wasser eindringen konnte.

Um die Holzplanken herzustellen, benutzten die Wikinger übrigens keine Säge. Vielmehr spalteten sie die Baumstämme zunächst mit Eisenkeilen und Ästen. Anschließend wurde das Holz mit einer Axt in die richtige Form gehauen.

Für die Segel webten die Frauen Wolle zu etwa 70 cm breiten Bahnen und nähten sie anschließend zu einem großen Segel zusammen. Um es wasserabweisend zu machen, wurde es mit Teer und Fett eingerieben.

Plankenbauweise

Wusstest du schon?

Die Wikinger besaßen keinen Kompass, keine Karten und natürlich auch kein GPS! In der Nähe des Ufers erkannten sie an der Küstenlinie, wohin sie fahren mussten. Auf hoher See orientierten sie sich tagsüber am Stand der Sonne und nachts an den Sternbildern. Ihre Erfahrungen gaben die älteren Seefahrer an jüngere weiter.

Handels- und Kriegsschiffe

Die Wikinger fuhren mit unterschiedlichen Schiffstypen: dem **Knorr (Handelsschiff)** und dem **Langschiff (Kriegsschiff).**

Der Knorr

Knorre dienten als Handels- und Transportschiffe auf hoher See. Sie waren breiter und langsamer als die Langschiffe, allerdings konnte man mit ihnen wesentlich größere Mengen an Ladung transportieren. Vorne und hinten war das Deck erhöht und bot den Menschen mit ihren Waren Schutz vor schlechtem Wetter. Knorre wurden ausschließlich gesegelt. Nur zum An- und Ablegen waren vorne und hinten Ruderpaare angebracht. Ein Knorr bot genug Platz für mehrere Familien mitsamt ihrem Haushalt und ihren Nutztieren. Mit diesen Schiffen segelten die Wikinger nach Island und Grönland und sogar bis nach Nordamerika.

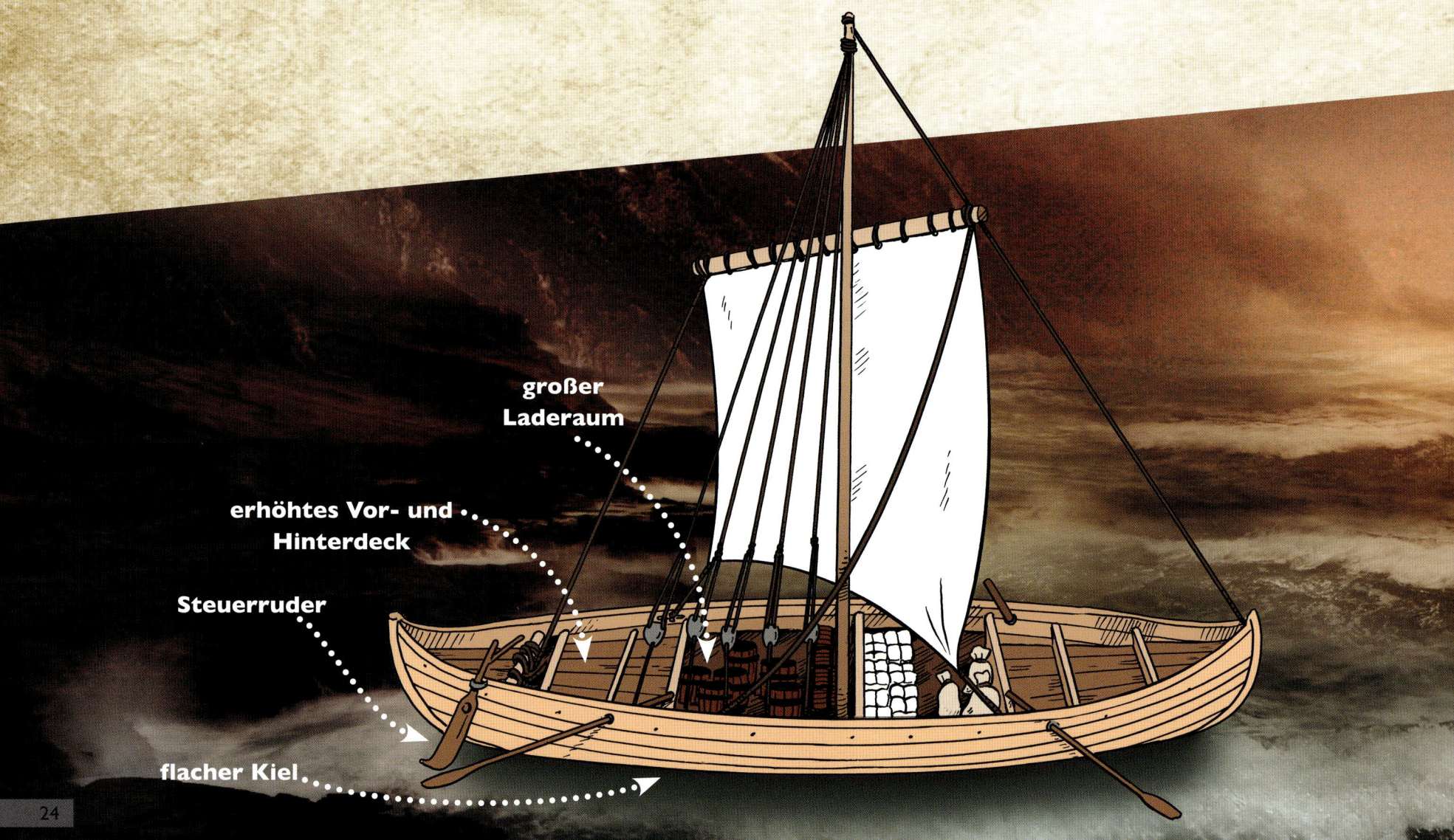

großer Laderaum

erhöhtes Vor- und Hinterdeck

Steuerruder

flacher Kiel

Das Langschiff

Langschiffe waren schmal, lang und sehr schnell. Sie besaßen einen flachen Kiel, mit dem sie auch an Stränden anlegen oder auf den Flüssen fahren konnten. Sie hatten ein rechteckiges Segel, das oft bunt gestreift und manchmal mit kostbaren Stoffen verziert war. Langschiffe wurden meistens gesegelt. Bei einem Angriff konnten sie jedoch auch gerudert werden. Je nach Größe des Schiffes gab es über 30 Ruderplätze. Vorne auf den Steven (vorderer Abschluss des Bugs) wurden oft aus Holz geschnitzte Drachen-, Tier- oder Menschenköpfe gesetzt, um Feinde abzuschrecken. Daher nennt man die Langschiffe auch *Drachenboote*.

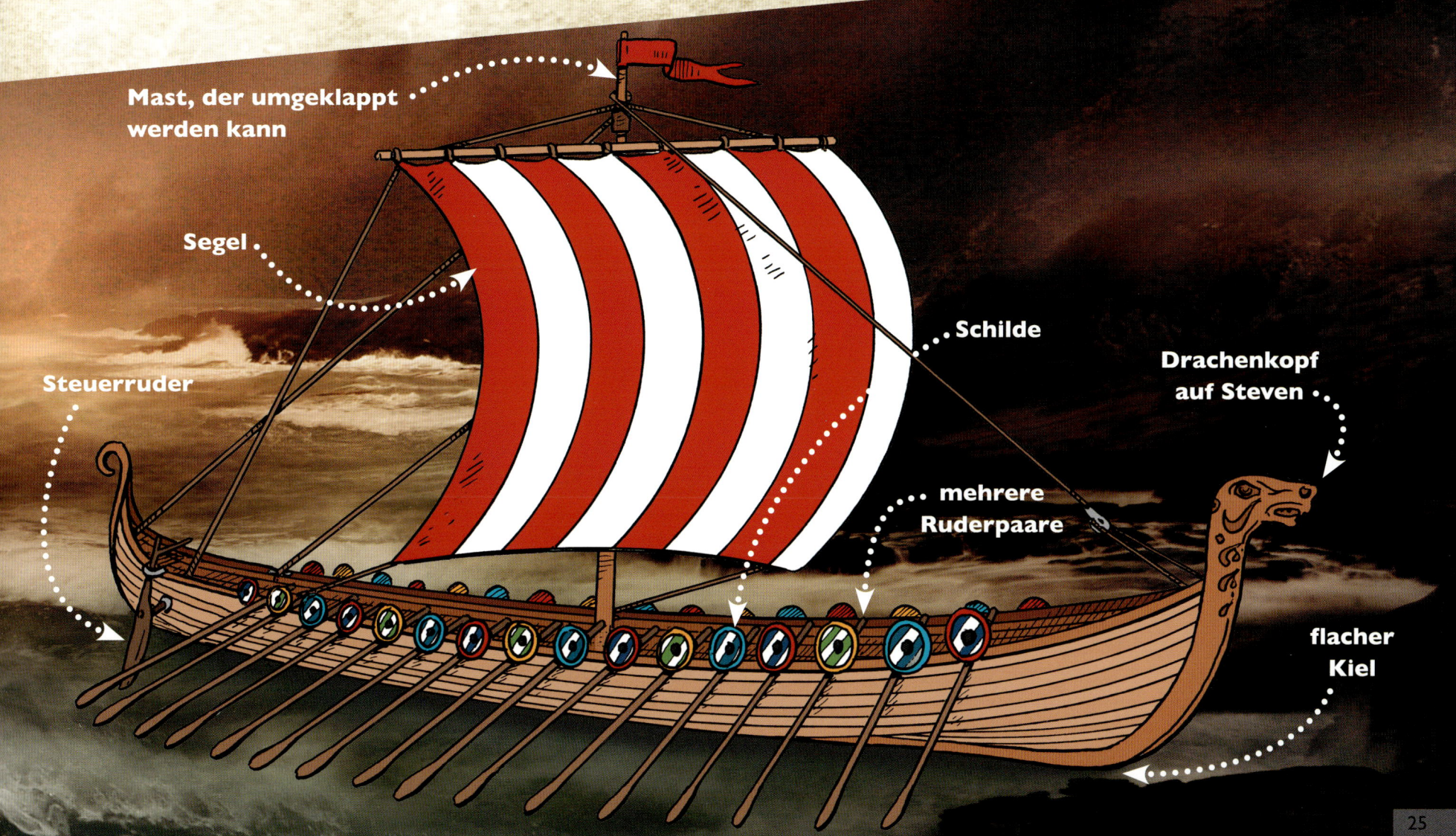

Mast, der umgeklappt werden kann

Segel

Steuerruder

Schilde

Drachenkopf auf Steven

mehrere Ruderpaare

flacher Kiel

Schiffe als Gräber

Wir wissen heute nicht genau, ob die Wikinger glaubten, dass die Verstorbenen mit einem Schiff in eine andere Welt fuhren. Jedenfalls spielten Schiffe auch nach dem Tod für die Wikinger eine große Rolle. Das erkennt man daran, dass viele Gräber von reichen und mächtigen Männern und Frauen mit Steinen in Schiffsform markiert wurden. Manchmal wurden Menschen sogar in einem Schiff begraben oder verbrannt.

Schiffssetzungen

Im Ostseeraum wurden Steine in Form von Schiffen aufgestellt. Sie markierten die Stelle, an der sich Gräber der Wikinger befanden.

Verbrennung von Toten mit ihrem Schiff

Reiche und mächtige Wikinger wurden auch in ihren Schiffen verbrannt. Dazu wurde das Schiff des Verstorbenen auf einen großen Holzstapel gestellt. Den Toten kleidete man in prunkvolle Gewänder und brachte ihm auf dem Schiff ein berauschendes Getränk, Brot, Fleisch, Früchte, Zwiebeln, Blumen und seine Waffen als Grabbeigaben dar.

Das Oseberg-Schiff

Das rund 22 Meter lange und fünf Meter breite Schiff wurde in einem Grabhügel in der Nähe des Oslofjords in Norwegen gefunden. In ihm wurden zwei Frauen bestattet. Um wen es sich genau handelt, ist unklar. Man vermutet, dass die ältere Frau eine Königin oder Hohepriesterin war und die jüngere ihre Dienerin.
Das Schiff enthielt viele Grabbeigaben. Darunter waren Nahrungsmittel, Schmuck und Haushaltsgegenstände. Aber auch viele kunstvoll verzierte Möbelstücke wie Betten, Truhen, mehrere Schlitten und sogar ein großer Wagen mit Rädern gehörten dazu.

Oseberg-Schiff

Gesellschaft und Kultur

Zur Zeit der Wikinger gab es noch keine Länder mit festen Grenzen, wie wir sie heute kennen. Die meisten Wikinger in Skandinavien lebten als Bauern mit ihren Großfamilien auf einem Hof. Zu einer sogenannten *Sippe* gehörten alle Familien, die miteinander verwandt waren.
Jede Sippe hatte einen Anführer, den Jarl. Seinen Anweisungen folgten die freien Männer.

Einmal im Jahr kamen alle freien Männer zu einer großen Versammlung, dem so-genannten *Thing*, zusammen. Dort wurden zum Beispiel neue Gesetze beschlossen. Aber auch Streitfragen, in denen sich die Männer untereinander nicht einigen konnten, kamen vor das Thing. Dort wurde ein Urteil gefällt. Im Thing wurden auch Strafen für Verstöße gegen die Regeln der Gesellschaft, die man zum Beispiel mit Hacksilber (zerkleinerte Silberstücke) bezahlen musste, festgelegt.

Die Gesellschaftsordnung

Der **Jarl** (ein Anführer) war besonders mächtig und reich und traf wichtige Entscheidungen, wie zum Beispiel zu einem Raubzug aufzubrechen. Wenn die anderen mit ihm unzufrieden waren, konnte er allerdings auch abgesetzt und ein anderer Mann zu seinem Nachfolger bestimmt werden.

Die Frauen der Jarls und auch der Karlar waren hoch angesehen, auch wenn sie nicht die gleichen Rechte wie ihre Männer besaßen. Sie trafen aber alle wichtigen Entscheidungen im Haus. Wenn ihre Männer dann in See stachen, waren sie für den ganzen Hof verantwortlich.

Karl

Ein freier Mann wurde als **Karl** bezeichnet. Meist war er ein Bauer, der eigenes Land besaß, ein Händler oder Handwerker.

Die freien Männer hatten das Recht, Waffen zu tragen.

Die unterste Schicht der Gesellschaft bildeten die Sklaven, die sogenannten **Thraells.** Sie waren oft auf den Raubzügen von den Wikingern gefangen genommen worden. Die Sklaven waren unfrei und mussten die schwersten Arbeiten verrichten.

Thraells

Knecht und Magd

Es gab auch viele Menschen, die über keinen eigenen Besitz verfügten. Sie arbeiteten als Knechte oder Mägde auf den Bauernhöfen oder halfen den Handwerkern und Händlern.

Die Krieger und ihre Waffen

Die Wikinger waren Meister der Überraschungstaktik: Urplötzlich tauchten ihre Drachenboote an der Küste auf. Noch ehe die Wachen Alarm schlagen konnten, hatten die Wikinger oft schon die Stadtwälle gestürmt. Sie plünderten die Häuser, raubten Gold und Silber und steckten anschließend die Gebäude in Brand. Dann verschwanden sie mit ihren Schiffen wieder genauso schnell, wie sie gekommen waren.

Die üblichen Waffen beim Kampf waren ein Speer, eine Lanze und ein langes Messer, das sogenannte *Sax*. Dieses benutzten die Wikinger auch als Werkzeug für alltägliche Arbeiten wie das Holzhacken oder andere Schnitz- und Reparaturarbeiten.
Die wertvollste Waffe eines Wikingers war jedoch das Schwert. Nur wohlhabende Männer konnten sich ein solches leisten. Die Griffe wurden häufig kunstvoll verziert und oft gaben die Besitzer ihnen sogar einen Namen.
Feindliche Hiebe wehrten die Wikinger mit Rundschilden aus Holz ab. Diese hatten einen Durchmesser von etwa einem Meter. Die Schilde wurden manchmal mit Leder bezogen oder mit Eisenbeschlägen oder bunten Mustern verziert.

Kappen aus Leder und gepolsterte Westen schützten die Männer vor Verletzungen im Kampf. Reiche Krieger trugen Helme aus Eisen und Kettenhemden.
Die bekannten Hörner-Helme sind übrigens purer Unsinn. Mit Hörnern auf den Helmen wären die Wikinger ein leichtes Ziel für ihre Gegner gewesen: Die feindlichen Hiebe wären nicht abgeprallt, sondern genau auf den Helm gelenkt worden und hätten sie am Kopf verletzt!

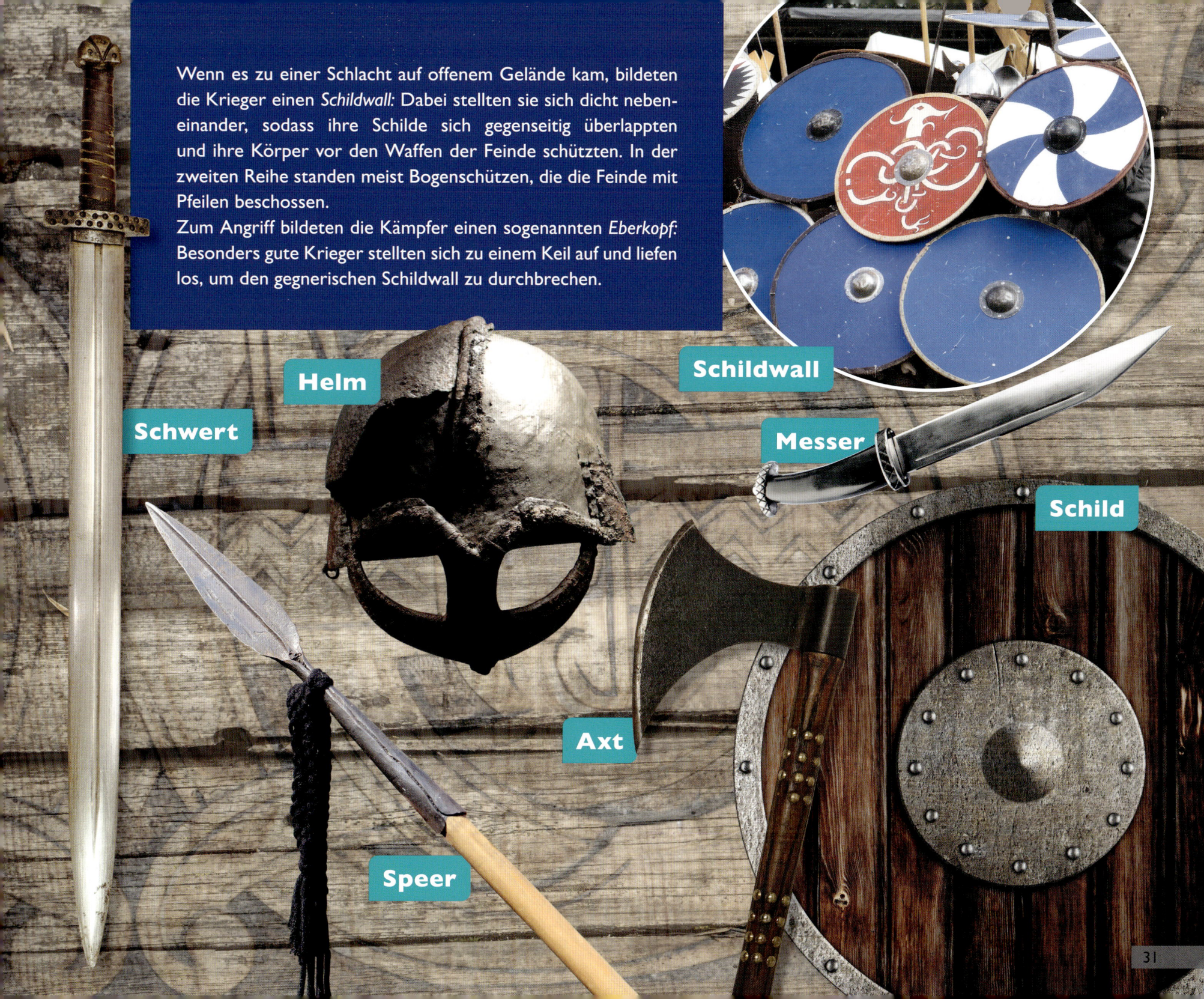

Wenn es zu einer Schlacht auf offenem Gelände kam, bildeten die Krieger einen *Schildwall:* Dabei stellten sie sich dicht nebeneinander, sodass ihre Schilde sich gegenseitig überlappten und ihre Körper vor den Waffen der Feinde schützten. In der zweiten Reihe standen meist Bogenschützen, die die Feinde mit Pfeilen beschossen.

Zum Angriff bildeten die Kämpfer einen sogenannten *Eberkopf:* Besonders gute Krieger stellten sich zu einem Keil auf und liefen los, um den gegnerischen Schildwall zu durchbrechen.

Schildwall

Helm

Schwert

Messer

Schild

Axt

Speer

31

Die Götter der Wikinger

Die Wikinger glaubten an viele verschiedene Götter. Über sie gab es viele geheimnisvolle Geschichten von blutigen Kämpfen und Heldentaten.

Odin

Odin war bei den Wikingern der Göttervater. Er reitet auf seinem grauen, achtbeinigen Pferd *Sleipnir* und wird dabei von zwei Wölfen und seinen beiden Raben *Hugin* („Gedanke") und *Munin* („Erinnerung") begleitet. Jeden Morgen schickt er sie in die Welt, damit sie ihm berichten, was dort vor sich geht. Odin opferte einst ein Auge, um die vollkommene Weisheit zu erlangen. Er hat die *Runen* auf die Erde gebracht und gilt als der Gott der Runenmagie und Weisheit, aber auch als der Gott des Krieges und der Toten.

Thor

Thor ist Odins Sohn. Er gilt als der stärkste Gott und fährt in einem Wagen, der von zwei Ziegenböcken gezogen wird, über die Wolken. Dabei entsteht ein furchtbarer Krach, es donnert – folglich wurde Thor als Sturm- und Donnergott verehrt. Er trägt eiserne Handschuhe und einen Gürtel, der seine Kräfte verdoppelt. Mit seinem Hammer *Mjölnir* kämpft er gegen Riesen und die *Midgardschlange*.
Viele Wikinger trugen einen Thorshammer als Glücksbringer um den Hals.

Freyr und Freyja

Diese beiden Geschwister sind Götter des Wetters und der Fruchtbarkeit. Freyja trägt ein Halsband, das einst Zwerge geschmiedet haben. Sie fährt in einem Wagen, der von Wildkatzen gezogen wird. Sie ist wunderschön und wurde auch als die Göttin der Liebe verehrt.
Ihr Bruder Freyr segelt in einem Schiff, das immer den Wind im Rücken hat. Es wird von einem goldenen Eber gezogen.

Odin

Thor

Freyr und Freyja

Der Opferkult

Die Wikinger glaubten, dass ihre Götter große Macht besaßen. Sie bestimmten über das Wetter, also ob es regnete, hagelte oder trocken blieb, und somit auch über die Ernte. Außerdem, so glaubten die Wikinger, entschieden die Götter über einen Sieg oder eine Niederlage im Kampf.

Deshalb bemühten sie sich, die Gunst der Götter für sich zu gewinnen und sie milde zu stimmen. Dazu brachten sie ihnen Opfer dar.

Die Wikinger opferten ihren Göttern Reichtümer wie Gold und Silber, aber auch Getränke und Speisen. Damit die Götter möglichst stark würden, brachte man ihnen meist männliche Tiere als Opfer dar: zum Beispiel einen Ziegenbock, einen Stier oder einen Hengst. Das Tier wurde geschlachtet und sein Schädel und das Fell auf einem hölzernen Gestell im Freien aufgespannt. Mit dem Blut wurden die Türrahmen und Balken im Inneren des Hauses bestrichen. Anschließend wurde das Fleisch des Opfertieres bei einem Festmahl verzehrt.

Thors Hammer Mjölnir

Tieropfer

Geschichten von Göttern, Riesen und Ungeheuern

Die Wikinger erzählten sich gern Geschichten von Göttern, Riesen und Fabelwesen. So stellten sie sich die Welt der Götter vor: Die Weltenesche *Yggdrasil* verbindet mehrere unterschiedliche Welten miteinander. Sie besitzt drei Wurzeln: Eine Wurzel führt nach Jötunheim, wo die Riesen leben, eine in die Nähe von Asgard und die dritte nach Niflheim, der Welt aus Schnee und Eis. In Niflheim nagt der Drache *Nidhöggr* von unten an der Wurzel der Esche. Bei ihm leben viele Schlangen. Das Eichhörnchen *Ratatöskr* überbringt dem Drachen Botschaften von dem Adler, der in Yggdrasils Zweigen sitzt. Vier Hirsche knabbern an den Knospen des Baumes.

Walhall

Krieger, die in einer Schlacht besonders tapfer gekämpft hatten, wurden von Walküren nach *Walhall,* Odins „Halle der Gefallenen", gebracht. Walhall war riesengroß: Es besaß 540 Tore, durch die jeweils 800 Männer zugleich gehen konnten.
Die Krieger führten dort ein für Wikinger traumhaftes Leben: Tagsüber übten sie sich gegeneinander im Kampf, und abends gab es ein großes Trinkgelage, bei dem Bier und Met in Strömen flossen.

Walhall

Asgard
Welt der Asen

Ljossalfheim
Welt der Lichtelfen

Muspellsheim
Welt des Feuers und der Wärme

Wanenheim
Welt der Wanen

Midgard
Welt der Menschen

Jötunheim
Welt der Riesen

Svartalfheim
Welt der Dunkelelfen

Niflheim
Welt aus Schnee und Eis

Hel
Totenreich

Asgard ist eine riesige Burg und die Heimat der Asen (Götter). Zu ihnen gehören Odin und Thor. Die Wanen sind ebenfalls Götter. Sie leben in **Wanenheim.** Zu ihnen gehören Freyr und Freyja.

In **Midgard** leben die Menschen. Midgard ist von einem riesigen Ozean umgeben, in dem die Midgardschlange lebt. Die Midgardschlange umschließt die Welt der Menschen.

Die Heimat der Riesen heißt **Utgard.** Dort liegt auch **Jötunheim.**

Hel ist das Reich der Toten.

Niflheim ist ein Land voll Eis und Schnee, das im Norden liegt. Im Süden liegt als Gegenpol **Muspellsheim,** ein Land aus Feuer. Dort leben die Feuerriesen.

Wusstest du schon?

Die Wikinger selbst schrieben die Geschichten über ihre Götter, die Weltenesche Yggdrasil und Walhall nicht auf, sondern erzählten sie sich gegenseitig immer weiter. Erst später wurden diese Erzählungen in Büchern niedergeschrieben. Eine wichtige Sammlung dieser Texte ist die *Edda,* die der Isländer Snorri Sturluson um das Jahr 1220 verfasst hat. Deshalb wissen wir auch heute noch so viel darüber, wie die Wikinger sich ihre Götter und deren Welten vorstellten.

Ragnarök: Das Schicksal der Götter

Böse Vorzeichen kündigen es an: Drei Jahre toben schwere Kriege, ihnen folgen drei harte Winter ohne Sommer. Dann beginnt Ragnarök, das Schicksal der Götter.

Wölfe verschlingen Sonne und Mond, die Sterne fallen zu Boden. Dadurch beginnt die Erde zu beben, Bäume werden entwurzelt und Berge stürzen in sich zusammen. Der *Fenriswolf* reißt sich los und die Midgardschlange kriecht an Land. Das löst eine große Überschwemmung aus und das Totenschiff *Naglfar* nimmt seine Fahrt auf. Feuer sprüht aus Augen und Nase des Fenriswolfes, die Midgardschlange speit Gift, sodass die Luft und das Meer sich entzünden. Der Himmel birst auseinander, aus ihm reitet der Feuerriese *Surt* mit seinem Gefolge hervor. Unter den Reitern zerbricht die Regenbogenbrücke *Bifröst*, die Verbindung der Menschen- und Götterwelt. Alle Krieger des Surt sammeln sich auf der Ebene *Wigrid* und warten dort auf das Eintreffen ihrer Gegner, der Götter.

Thor und die Midgardschlange

Odins Kampf gegen den Fenriswolf

Mit einem Hornruf weckt der Wächter *Heimdall* die Götter. Diese beraten sich und ziehen schließlich gemeinsam mit den gefallenen Kriegern aus Walhall zur Schlacht. Allen voran reitet Odin, bewaffnet mit goldenem Helm, Harnisch und Speer.

Es gibt einen blutigen Kampf: Surt tötet Freyr, und Thor ringt mit der Midgardschlange. Schließlich streckt Thor die Schlange mit einem tödlichen Hieb nieder; allerdings kann er nur noch neun Schritte tun, ehe er, vergiftet von dem Gift der Schlange, tot zusammenbricht.

Odin kämpft mit dem Fenriswolf; und auch dieser Kampf endet tödlich: Der Wolf verschlingt Odin. Sein Sohn *Widar* rächt ihn, indem er dem Wolf einen Fuß in den Rachen hineinstellt und ihn zerreißt. *Loki* und Heimdall erschlagen sich gegenseitig.

Schließlich schleudert Surt Feuer über die Erde und die ganze Welt geht in Flammen auf.

Die Runen

Zur Zeit der Wikinger konnten nur wenige Menschen lesen und schreiben, denn Schulen wie heute gab es nicht. Man kannte auch noch keine Stifte oder Papier. Stattdessen ritzten die Wikinger ihre Botschaften in Holz, Metall, Knochen oder Stein. Dafür verwendeten sie besondere Schriftzeichen, die *Runen*. Das Runenalphabet bestand aus 16 Buchstaben. Es heißt *FVTHARK*, nach seinen ersten sieben Buchstaben.

Jede einzelne Rune hat auch eine eigene Bedeutung, die besonders zu Beginn der Wikingerzeit zu magischen Zwecken verwendet wurde. So bedeutet die Rune ᚠ (fehu) zum Beispiel *Besitz* oder *Vieh*. Runen wurden häufig für Schutzzauber angewendet, zum Beispiel bei der Geburt eines Kindes oder bei einer gefährlichen Schiffsreise.

Eine einheitliche Schreibweise gab es für die Runen nicht. Sie wurden nicht nur von links nach rechts, sondern auch umgekehrt oder auf dem Kopf geschrieben.

Lange Texte wurden mit diesen Schriftzeichen nicht verfasst; Runen wurden vielmehr für kurze Mitteilungen benutzt. Solche ritzten die Wikinger auch in kleine dünne Stäbe aus Buchenholz, die dem Empfänger überbracht wurden. Von diesen „Buchenholzstäben" stammt übrigens das heutige Wort *Buchstaben*.

Runen finden sich auch auf vielen anderen Gegenständen, wie zum Beispiel Waffen, Amuletten und Kämmen. Dort wurde der Name des Besitzers oder des Herstellers eingeritzt.

fehu

Wusstest du schon?

Durch die vielen senkrechten und schrägen Striche waren die Runen gut dafür geeignet, um in harte Materialien hineingeritzt zu werden. Eine Schrift mit vielen Rundungen wie unsere heutige hätte man nur mit sehr großem Aufwand in Stein, Holz oder Metall hineinmeißeln können.

Runensteine

Besonders in Schweden erinnern sie auch heute noch an die Wikingerzeit: große Steine, die mit Runen und zum Teil auch mit Bildern reich verziert sind. Runensteine wurden von den Wikingern am Wegesrand und auf bekannten Plätzen aufgestellt. Viele Steine erinnern an Krieger, die in der Ferne gestorben sind oder preisen die Taten des Jarls oder Königs, der sie errichten ließ. Und bei einigen handelt es sich sogar um eine Art Testament. Übrigens gibt es auch viele Runensteine, die von Frauen oder zum Gedenken an eine Frau aufgestellt wurden.

Auf der schwedischen Insel Gotland stehen heute noch über 400 sogenannte *Bildsteine*. Sie enthalten keine Runen, sondern große Bilder von Tieren, Menschen und Schiffen sowie Szenen aus der Sagenwelt der Wikinger.

3 Fragen an Professor Kniffelogus

1. Haben die Wikinger mit den Runen auch Bücher geschrieben?

Nein, es war sehr mühsam, die Runen in feste Materialien hineinzuritzen – deshalb waren Nachrichten in Runenschrift also meistens ziemlich kurz.

Spannende Geschichten haben die Wikinger sich gegenseitig erzählt und nicht aufgeschrieben.

2. Konnten die Wikinger mit den Runen tatsächlich zaubern?

Die Wikinger glaubten fest daran, dass die Runen magische Kräfte besaßen, mit denen man zum Beispiel eine gute Ernte herbeiführen oder eine schlimme Krankheit heilen konnte. Heute glauben die meisten Menschen, dass die Runen keine Zauberkraft haben.

3. Gibt es auch heute noch Runen?

Auf Mittelalter-Märkten kann man oft auch noch heute Amulette mit bestimmten Runenzeichen kaufen. Diese sollen ihren Trägern Glück bringen.

Außerdem glauben manche Menschen auch heute noch, dass die Runen Zauberkräfte besitzen und nutzen sie, um zum Beispiel die Zukunft vorherzusagen.

Die Kunst der Wikinger

Die Wikinger waren geschickte Handwerker. Ihre Haustüren, Dachgiebel und auch das Innere der Häuser und viele Alltagsgegenstände verzierten sie mit Schnitzereien. Dabei handelte es sich meist um verschlungene Muster aus Tieren, Pflanzen oder Ornamenten. Sie nutzten auch verschiedene Farben. Besonders Rot, Blau, Braun, Schwarz und Weiß, aber auch Gelb waren sehr beliebt.

Das Greiftier

Dieses Fabelwesen war lange Zeit das Lieblingsmotiv der Wikinger. Es handelt sich um eine Mischung aus Löwe, Drache und Schlange. Das Greiftier fasst und umklammert mit seinen gewundenen Armen sich selbst, andere Tiere oder Pflanzenranken.
Auf Runensteinen wurden die Runen oft in den Körper einer Schlange hineingeritzt. Auch *Stabkirchen* wurden mit vielen schönen Schnitzereien verziert. Das sind Kirchen aus Holz, die mit Hilfe von senkrecht stehenden Masten errichtet wurden.

Greiftier

Knauf eines Schwertes

Tierkopf-Pfosten aus dem Oseberg-Schiff

Runenstein

Schnitzerei am Nordportal der Stabkirche Urnes (Norwegen)

Die Fahrten der Wikinger

Fast 300 Jahre lang versetzten die Wikinger große Teile Europas in Angst und Schrecken. Die christlichen Mönche schilderten sie in ihren Berichten als grausame, wilde und blutrünstige Männer.

Allerdings verhielten sich die Wikinger nicht immer und überall so brutal. Besonders in Osteuropa galten sie als geschickte und geschäftstüchtige Händler.

Abenteuerlustig und mutig wie sie waren, wagten sich die Wikinger auf ihren Fahrten immer weiter auf den Nordatlantik hinaus. So entdeckten sie erst Island, dann Grönland und schließlich sogar einen neuen Kontinent: Amerika. In Island und Grönland ließen sich die Wikinger als Bauern nieder. Aber auch an vielen anderen Orten, an die sie ihre Raubzüge geführt hatten, wurden sie sesshaft, wie zum Beispiel in England. Dort vermischten sie sich mit der Bevölkerung und nahmen die einheimischen Sitten und Gebräuche an. Nach einer gewissen Zeit hatten sie sich vollständig in die Gesellschaft eingelebt.

Der erste Wikingerüberfall

Wir schreiben den 8. Juni des Jahres 793, Kloster Lindisfarne an der Nordost-Küste Englands.

Der Morgen dämmert bereits. Die Mönche haben sich zur Andacht in der Kirche versammelt. Sie sind tief in ihre Gebete versunken.

Wie aus dem Nichts tauchen plötzlich einige rot-weiß-gestreifte Segel aus den Wellentälern der Nordsee auf. Es sind lange, flache Boote mit Drachenköpfen auf den Steven, die sich mit atemberaubender Geschwindigkeit der Küste nähern. Kaum knirschen die Kiele auf dem Sandstrand, da springen sie bereits hinaus: riesige Männer mit flatternden Haaren und Bärten, bewaffnet mit Äxten, Schwertern und Lanzen. Sie kommen aus dem Land jenseits des großen Meeres. Die Gier nach Gold und Silber hat sie herbeigelockt.

Mit lautem Gebrüll stürmen die Männer die Kirche und das Kloster. Nichts ist vor ihnen sicher. Sie schlagen die Mönche nieder, stürzen die Altäre um und legen alles in Schutt und Asche. Außerdem plündern sie die Kirchenschätze: Goldene Kelche, edelsteinbesetzte Kreuze und Silbermünzen werden zusammengerafft und rasch zu den Booten gebracht. Dann setzen die Wikinger die Segel – und verschwinden genauso schnell, wie sie gekommen sind. Sie hinterlassen ein Feld der Verwüstung.

„Niemals zuvor brach ein solches Entsetzen über Britannien herein", schrieb der Gelehrte Alkuin über diesen ersten berühmten Wikingerüberfall.

Plünderer im Westen

Das Große Heer von 865 in England
Feldzüge des Großen Heeres
865–866
867–869
870–874
875–879
△ Winterlager mit Datum
✕ wichtige Schlacht mit Datum
unter Kontrolle des Großen Heeres
866
870
875
878
100 km
Nach Graham-Campbell, Price, Logan, Sawyer, Keynes, Downham

In England

Die Nachricht von dem erfolgreichen Überfall auf Lindisfarne sprach sich unter den Wikingern schnell herum. Immer mehr Nordmänner setzten mit ihren Schiffen nach England über, um die reichen Kirchen und Klöster zu plündern.
Anfangs waren es nur einzelne, kurze Raubzüge im Frühling und Sommer. Doch nach und nach überquerten immer mehr Drachenschiffe die Nordsee und die Wikinger verbrachten auch die Wintermonate auf der englischen Insel.

Im Jahr 865 landete ein großes Heer von dänischen Wikingern an der Ostküste Britanniens. Angeführt wurden sie von den beiden Brüdern Ivar dem Knochenlosen und Halfdan Ragnarsson. Auf Pferden ritten die Wikinger über die alten Römerstraßen und eroberten einen großen Teil des heutigen Englands. Schon bald folgten den Kriegern weitere Wikinger aus Dänemark, die sich in den eroberten Gegenden ansiedelten.
Das von den Wikingern besetzte Gebiet wurde als *Danelag* bezeichnet. In ihm galt „dänisches Recht".
Die Stadt York im Nordosten der britischen Insel wurde zum wichtigsten Handelsplatz und entwickelte sich zur „Wikingerhauptstadt".

Im Frankenreich

Im 9. Jahrhundert griffen die Wikinger das Frankenreich an. Mit ihren schnellen Schiffen fuhren sie die Flüsse hinauf. Keine Stadt war mehr vor ihnen sicher. Sie fielen in Hamburg, Köln und Aachen ein, ebenso wie in Paris, Rouen, Tours und Nantes. Sie plünderten Nimwegen ebenso wie den damaligen Handelsplatz Dorestad (bei Utrecht) so lange, bis dieser schließlich aufgegeben wurde.
Die fränkischen Herrscher hatten den Wikingern meist nicht viel entgegenzusetzen. Sie zahlten ihnen hohe Summen an Lösegeld und schenkten ihnen Land. Dadurch hofften sie, dass die Wikinger sie in Zukunft in Ruhe lassen würden. Außerdem ließen sie die Brücken stärker befestigen und mit Kriegern besetzen, um die Wikingerschiffe an der Durchfahrt zu hindern.

ATLANTISCHER

OZEAN

Nordsee

Hamburg

Utrecht

Nimwegen • Köln

Aachen

Rouen • Paris

Nantes

Tours

Elbe

Rhein

Seine

Loire

Garonne

Mittelm

Plünderungen

Händler im Osten

Vor allem schwedische Wikinger drangen mit ihren Schiffen bis weit in den Südosten Europas vor. Vom Finnischen Meerbusen aus folgten sie den Flüssen, fuhren an Kiew vorbei ins Schwarze Meer und schließlich bis Konstantinopel. Über die Wolga erreichten sie das Kaspische Meer und weiter über Karawanenstraßen sogar das heutige Bagdad.

Dort lockten Reichtümer wie arabische Silbermünzen, feine Seidenstoffe, edle Gewürze und Schmuck. Als Tauschware brachten die Wikinger Pelze, Walrosszähne, Honig und Speckstein aus dem Norden mit, und nicht zu vergessen das wichtigste Handelsgut: Sklaven.

Auf den langen Reisen trafen die Wikinger viele verschiedene Völker, darunter Slawen, Griechen und Araber. Diese Begegnungen verliefen nicht immer friedlich. Ebenso wie im restlichen Europa kämpften die Wikinger auch im Osten. Sie überfielen Dörfer und belagerten Städte. Oft verbündeten sie sich auch mit den einheimischen Völkern gegen deren Feinde. An vielen Orten ließen sie sich dauerhaft nieder und nahmen die Sitten und Gebräuche der Bevölkerung an.

Waräger und Rus

Im Osten wurden die Wikinger *Waräger* oder *Rus* genannt. Die Forscher streiten sich darüber, ob die Rus, also Wikinger, die ersten Staaten in Osteuropa gegründet haben oder ob es die Slawen waren. Von dem Wort Rus stammt übrigens der Name Russland.

Handelswaren

Die Fahrten der Wikinger

Grönland

Island

ATLANTIK

Norwegen

Schweden

Nowgorod

Amerika

Neufundland

York

Normandie

Kiew

SCHWARZES MEER

KASPISCHES MEER

Rom

Konstantinopel

Sevilla

MITTELMEER

Bagdad

Siedler auf Island

Gegen Ende des 9. Jahrhunderts wurde von norwegischen Wikingern im Nordatlantik eine neue Insel entdeckt. Sie nannten sie Island („Eisland"), weil sie von zahlreichen Gletschern bedeckt wurde. Das Landesinnere war unbewohnbar und von mächtigen Eisflächen und Vulkanen durchzogen. Ganz anders sah es jedoch an der Küste aus. Im Süden und Westen gab es jede Menge saftiges, grünes Weideland, auf dem man gut Nutztiere halten konnte.

Als die Wikinger in Norwegen davon erfuhren, luden viele von ihnen ihr gesamtes Hab und Gut auf große Handelsschiffe. Gemeinsam mit ihren Familien brachen sie zur „Eisinsel" auf, um dort ein neues Leben zu beginnen.

Nach rund drei Wochen Überfahrt erreichten sie die neu entdeckte Insel. Da es kaum Holz gab, errichteten die Wikinger ihre Häuser aus Grassoden. Ihre Schafe und Rinder ließen sie auf den ausgedehnten Wiesen weiden. Zum Anbau von Getreide eignete sich das Land allerdings nicht.

Zur Zeit der Wikinger entstanden auf Island keine größeren Dörfer oder Städte. Lange blieben die Isländer einfache Bauern, deren Höfe oft weit voneinander entfernt lagen.

Das Althing

Jedes Jahr zur Sommersonnenwende kamen alle freien Männer Islands zum sogenannten *Althing* zusammen. Sie trafen sich auf der Ebene *Thingvellir,* in der Nähe von Reykjavik. Auf dem Althing wurden Streitfälle geschlichtet, Verbrecher verurteilt und es wurde über neue Gesetze beraten. Aber man nutzte das jährliche Treffen auch dazu, um Neuigkeiten auszutauschen, Hochzeiten zu planen und Handel zu treiben. Die größte Macht auf dem Althing lag bei den *Goden.* Dies waren einflussreiche Adlige. Auch der Gesetzessprecher war ein Gode. Er kannte die Gesetze auswendig. Bei seinen Reden stand er auf einem großen Stein, dem sogenannten *Gesetzesfelsen.*

Blutrache und Strafen

Trotz des Althings lebten die Wikinger auf Island nicht besonders friedlich zusammen. Oft gab es Streit um Weideland, entlaufenes Vieh oder die Benutzung eines Baches. Eine solche Auseinandersetzung endete oft in Gewalt mit mehreren Verletzten oder gar Toten.

Die schwerste Straftat war die Tötung eines freien Mannes: In einem solchen Fall waren die Mitglieder der Familie, ja der gesamten Sippe, dazu verpflichtet, diesen zu rächen.

Schwere Verbrechen wurden auch vor das Althing gebracht. Die schlimmsten Strafen waren die zeitweilige Verbannung aus Island oder die Ächtung. Der Geächtete wurde für vogelfrei erklärt. Das bedeutete, dass er von jedermann getötet werden konnte, ohne dafür bestraft zu werden.

Entdecker in Amerika

Als erster Europäer sichtete der Wikinger Bjarni Herjólfsson Amerika. Nordwind und Nebel brachten sein Schiff auf einer Fahrt von Island nach Grönland von dem richtigen Kurs ab und trieben es an die amerikanische Küste. Dort sah er zuerst waldreiches Land *(Markland)*, dann eine schroffe Felsengegend, die später *Helluland* getauft wurde. Bjarni ging dort nicht an Land, sondern setzte das Segel, um sein ursprüngliches Ziel zu erreichen: Grönland.

Dort erfuhr Leif Eriksson von Bjarnis Entdeckung. Die Schilderungen von dem unbekannten Land jenseits des Meeres ließen ihm keine Ruhe: Dorthin wollte er fahren! Leif kaufte Bjarnis Schiff und stach im Jahr 1000 mit 35 Männern in See.

Schon nach wenigen Tagen auf dem offenen Meer entdeckte er eine steinige, vereiste Insel – die heutige Baffin-Insel. Diese war jedoch viel zu karg und unwirtlich, um dort ein Lager aufzuschlagen. Deshalb fuhr Leif östlich an der Labrador-Halbinsel weiter, bis er schließlich die Nordspitze Neufundlands erreichte. Hier boten Wälder und grüne Wiesen

Leif Eriksson

Baffin-Insel

Grönland

Helluland
(Baffin-Insel)

Island

Brattahlid

Markland
(Labrador)

Nordamerika

Vinland
(Neufundland)

Atlantischer
Ozean

einen verlockenden Anblick. Leif nannte das neu entdeckte Land *Vinland* („Weinland"). Die Wikinger errichteten Häuser aus Grassoden und bereiteten sich auf die Überwinterung vor. Sie fingen Robben und Lachse, jagten Karibus, Bären und Wölfe. Im Vergleich zu Grönland war der Winter in dem neu entdeckten Land recht mild.

Im nächsten Frühling segelte Leif mit seiner Mannschaft nach Grönland zurück. Am Hof seines Vaters berichtete er von Vinland. Er schwärmte von den grünen Wiesen, den milden Temperaturen und dem Reichtum an Nahrung.

Nach Leif zog es weitere Wikinger auf die gefährliche Reise über den Atlantik nach Vinland. Zuerst Leifs Bruder Thorvald, der mit seinen Männern dort erstmals auf Indianer traf. Diese Begegnung verlief allerdings alles andere als friedlich: Nachdem die Wikinger einige Indianer im Schlaf getötet hatten, rächten sich ihre Stammesgenossen, und Thorvald starb mit einem Pfeil in seiner Brust.

In den folgenden Jahren unternahmen noch weitere Wikinger Reisen nach Vinland. Allerdings kam es immer wieder zu Kämpfen mit den Indianern und auch untereinander gab es Auseinandersetzungen bei den Wikingern. Schließlich wurde die Siedlung in Vinland aufgegeben und die Wikinger kehrten nach Europa zurück.

Erst rund 490 Jahre später entdeckten die Europäer Amerika ein zweites Mal. Ihr Anführer war Christoph Kolumbus.

Haithabu – die Hauptstadt des Nordens

Große Misthaufen neben den Häusern, dröhnendes Gehämmer der Schmiede, Abwässer, die über die Wege fließen, Rauch aus Herdfeuern, der sich mit dem Gestank geschlachteter Tiere vermischt – so oder so ähnlich könnten die ersten Eindrücke eines Reisenden bei einem Besuch einer der größten Städte der Wikinger gewesen sein: Haithabu.

So unwirtlich uns heute diese ersten Eindrücke auch erscheinen mögen: Haithabu war zur Zeit der Wikinger eine bedeutende Handelsstadt und besaß den größten Hafen Nordeuropas. Hier lebten über 1 000 Menschen – mehr als an jedem anderen Ort in Skandinavien.

Haithabus Lage war sehr günstig: Von der Ostsee kommende Schiffe konnten über den Fluss Schlei direkt bis in den Hafen fahren. Aber auch von der Nordsee aus konnten Händler mit ihren Schiffen auf der Treene oder Eider bis auf wenige Kilometer an die Stadt heranfahren. Dann wurden die Waren auf Ochsenkarren umgeladen und auf dem Landweg weitertransportiert. In Haithabu wurden sie entweder verkauft oder erneut auf Schiffe geladen und zu anderen Häfen in der Ostsee verschifft. Dies war eine enorme Abkürzung, da man nicht ganz Dänemark umfahren musste, um von der Nordsee in die Ostsee zu gelangen. Die Händler sparten also jede Menge Zeit und Geld.

Haithabu lag außerdem an einem alten Handelsweg, der von Norden nach Süden verlief, dem sogenannten *Ochsenweg*.

Seide

Gewürze

Speckstein

Haithabu

Der Warenhandel

Haithabu war ein wichtiger Handelsplatz für Waren jeder Art. Das Angebot war riesig: Es gab wertvolle Seide aus China, Wein und Glas aus dem Rheinland, Speckstein aus Norwegen, Eisen aus Schweden, Gewürze aus dem Orient und gewöhnlichere Dinge wie Bienenwachs für Kerzen, Honig, Walrosszähne oder Pelze. Besonders berühmt war die Stadt allerdings noch für etwas anderes: Sklaven. In Haithabu gab es den größten Sklavenmarkt im ganzen Ostseeraum.

So wie es viele verschiedene Handelsgüter gab, wurde auch mit verschiedenen Währungen bezahlt. Neben Hacksilber, das aus kleinen Silberstäben oder zerhackten Silberstücken bestand, wurden auch goldene Amulette, Glasperlen, Bergkristalle, Denaren aus dem Frankenreich oder Silbertaler aus dem Orient als Tauschmittel genutzt. Oft tauschte man auch einfach Ware gegen Ware.

Die Händler trugen Lederbeutel an ihren Gürteln, die zum Teil in mehrere Fächer unterteilt waren. So konnten sie die unterschiedlichen Münzen getrennt aufbewahren. Zum Abwiegen der Münzen oder wertvollen Metalle legte man so lange Gewichtskügelchen in kleine bronzene Klappwagen, bis beide Waagschalen sich im Gleichgewicht befanden. Um die „Echtheit" des Geldes zu prüfen, bissen die Händler auch darauf oder ritzten es mit ihrem Messer an.

Wohnen in Haithabu

Die Häuser standen in Haithabu dicht nebeneinander. Sie wurden aus Holzbalken errichtet und ihre Dächer mit Reet, Stroh oder Grassoden bedeckt. Die Wände waren mit Holz oder lehmverputztem Flechtwerk verkleidet. Im Inneren gab es meist nur ein oder zwei kleine fensterlose Räume. In den Hinterhöfen hielten die Menschen Tiere wie Hühner und Ziegen. Dort standen auch Brunnen, die die Menschen mit Wasser zum Trinken und Kochen versorgten. Zäune aus Flechtwerk oder Holzplanken trennten die kleinen Grundstücke voneinander ab.

Zwischen den Häusern befanden sich kurze Wege, die mit Holzbohlen befestigt waren. Auf ihnen konnten die Bewohner ihre Nachbarn besuchen oder zum Hafen gehen.
Der Hafen wurde von einer hölzernen Palisade eingerahmt und bestand aus mehreren Stegen. Diese waren bis zu 80 Meter lang, sodass Schiffe dort gut anlegen und die Händler ihre Waren direkt am Wasser verkaufen konnten. Das war praktisch, denn so mussten sie nicht ihre Handelsgüter umständlich an Land bringen. In der Nähe des Hafens befanden sich Lagerhäuser, Werkstätten und Schiffswerften.
Mitten durch Haithabu hindurch floss ein Fluss, in dem die Frauen die Wäsche wuschen.

Zur Landseite hin schützte seit Mitte des 10. Jahrhunderts ein neun Meter hoher Erdwall die Stadt vor feindlichen Angriffen. Der Wall umschloss Haithabu in einem Halbkreis und wurde durch eine hölzerne Palisade verstärkt. Ein weiterer Wall verband den Schutzwall der Stadt mit dem *Danewerk*.

Wusstest du schon?

Ab dem 8. Jahrhundert errichteten die Dänen im heutigen Schleswig-Holstein einen mächtigen Schutzwall aus Erde und Steinen: das sogenannte Danewerk. Das Danewerk war fünf Meter hoch, zehn Meter dick und ungefähr 30 Kilometer lang. Es zog sich vom Fluss Treene im Westen bis zur Ostsee im Osten und schützte somit Dänemark vor Angriffen von Feinden aus dem Süden. Krieger und Bogenschützen bewachten den Wall.

Felle und Leder

Kamm

Die Menschen in Haithabu

In Haithabu lebten keine Bauern, sondern Händler und Handwerker, wie zum Beispiel Glasperlenmacher, Weber, Kammschnitzer oder Schmiede. Die Handwerker stellten viele kunstvolle Dinge her, die sie an die Händler verkauften. Oftmals verzierten sie auch Materialien, die Kaufleute nach Haithabu gebracht hatten und verkauften sie weiter. Zusammen mit ihren Familien lebten sie in den Holzhäusern der Stadt.

Außer den Handwerkern und Händlern, die dauerhaft in Haithabu lebten, kamen viele fremde Kaufleute in die Stadt. Friesen, Dänen, Franken, Slawen, Araber und viele mehr tauschten, feilschten und wickelten ihre Geschäfte miteinander ab. Haithabu war also sehr „multikulturell", das heißt, es gab dort sehr viele verschiedene Kulturen.

Das Leben der Menschen in Haithabu war hart und meist recht kurz: Nur wenige erreichten das 30. Lebensjahr. Eine schlechte Ernährung, Hungersnöte, das kalte Klima, fehlende Heizmöglichkeiten, der Rauch im Inneren der Häuser, eine mangelnde Hygiene und das viele Ungeziefer schwächten die Abwehrkräfte der Menschen, ganz besonders die der Kinder. Schon kleine Verletzungen, die sich entzündeten, konnten zum Tod führen – denn moderne Medikamente, wie zum Beispiel Antibiotika, gab es noch nicht.

Zur täglichen Körperpflege gehörte das Kämmen der Haare mit Kämmen aus Hirschhorn. Dies war die einzige Möglichkeit, die Läuse, von denen es überall wimmelte, loszuwerden.

3 **Fragen** *an*
Professor Kniffelogus

1. Herr Professor, das klingt so, als ob das Leben in Haithabu alles andere als komfortabel gewesen wäre. Stimmt das?

Ja, das kann man so sagen. Zu den vielen Krankheiten, dem Hunger und der Kälte kam in Haithabu ein weiteres Problem hinzu: Die Menschen besaßen keine Müllabfuhr und auch keine Toiletten, wie wir sie heute kennen. Vielmehr warfen sie all ihre Abfälle, darunter auch Tierknochen, Mist und Kot, einfach neben ihre Häuser.

2. Das muss ja fürchterlich gestunken haben, oder?

Der Gestank muss wirklich entsetzlich gewesen sein. Als neben den Häusern kein Platz mehr war, wurde der ganze Abfall sogar in das Hafenbecken gekippt. Und auch dort wuchsen die Abfallhaufen so sehr, dass große Schiffe an den Stegen gar nicht mehr anlegen konnten. Also mussten die Stege verlängert werden.

3. Gibt es Haithabu auch heute noch?

Der alte Handelsplatz Haithabu wurde 1066 von den Slawen geplündert und niedergebrannt. Seitdem lebten dort keine Menschen mehr. Aber an der Stelle, wo sich Haithabu befand, haben Wissenschaftler viele Dinge aus der Wikingerzeit ausgegraben, wie zum Beispiel Überreste von Häusern und Schiffen, aber auch Schmuck, Waffen und Alltagsgegenstände. Diese kann man sich im Wikingermuseum Haithabu ansehen. Dort wurden auch einige Häuser nachgebaut, sodass man einen guten Eindruck vom damaligen Leben der Menschen in Haithabu erhält. Heute gehört dieser Ort zu Deutschland. Er liegt ganz im Norden in der Nähe von Flensburg.

Das Ende der Wikingerzeit

So spektakulär die Wikingerzeit auch begann – umso klangloser ging sie im 11. Jahrhundert zu Ende. In England und Irland wurden die skandinavischen Eroberer sesshaft. Sie heirateten einheimische Frauen und übernahmen die örtlichen Sitten und Gebräuche. Schließlich traten sie sogar zum Christentum über.

In Skandinavien waren im Laufe der Jahrhunderte einige Jarls zu mächtigen Königen von Dänemark, Schweden und Norwegen aufgestiegen. Nach und nach nahmen sie das Christentum an und sicherten damit ihre Macht. Sie wollten nicht, dass ihre Untertanen weiterhin raubend und plündernd durch die Lande zogen. Deshalb verboten sie die Vikingfahrten. Hinzu kam, dass sich in Deutschland, England und Frankreich stabile Reiche ausgebildet hatten, die nicht mehr so einfach anzugreifen waren. Die Zeit der großen Raub- und Plünderungsfahrten der Wikinger war vorbei.

Der Heilige Ansgar

Die Wikinger werden Christen

Anders als die Wikinger, die sich auf den Britischen Inseln niedergelassen hatten, hatten die in Skandinavien lebenden Wikinger weniger Kontakte zum Christentum. Nur manche Händler oder Sklaven trugen den neuen Glauben nach Nordeuropa, ebenso wie einige Missionare.
Einer von ihnen war der Heilige Ansgar, der um 826 nach Dänemark und später nach Schweden reiste, um die dort lebenden Menschen zum christlichen Glauben zu bekehren. In Birka, einem wichtigen Handelsplatz der Wikinger in der Nähe von Stockholm, ließ er die erste Kirche Skandinaviens errichten. Nach wie vor bekannte sich aber nur eine kleine Anzahl von Wikingern zum christlichen Glauben.

Es sollten ein bis zwei Jahrhunderte vergehen, ehe sich das Christentum in Skandinavien weiter ausbreiten konnte. Erst die aus den Jarls hervorgegangenen Könige nahmen den christlichen Glauben an. Sie zwangen ihre Untertanen mehr oder weniger dazu, sich taufen zu lassen und das Christentum als neue Religion anzuerkennen.

Auf dem „Taufstein Dänemarks" (großer Runenstein von Jelling) befindet sich die älteste Darstellung von Jesus Christus in Skandinavien. Ihn ließ der dänische König Harald Blauzahn errichten, der sich um 985 als erster skandinavischer Herrscher taufen ließ.

„König Harald befahl, diesen Stein zu errichten zum Gedenken an Gorm, seinen Vater, und an Thyra, seine Mutter. Der Harald, der (dem) sich ganz Dänemark und Norwegen unterwarf und die Dänen zu Christen machte."

(Übersetzung der Inschrift zitiert aus Wikipedia)

Durch die Taufe wurden die Wikinger nicht automatisch zu Christen. Viele glaubten weiterhin an ihre alten nordischen Götter und hielten an ihren Opferritualen fest. Auch fiel es den Wikingern ziemlich schwer, die christlichen Regeln einzuhalten. Denn eines der wichtigsten Gebote im Christentum ist die Nächstenliebe. Deshalb war es verboten, Sklaven zu halten und Blutrache auszuüben. Kein Wunder, dass die Wikinger oft gegen die neuen christlichen Gebote verstießen – zu groß waren die Unterschiede zu ihren alten Traditionen.

Im 12. und 13. Jahrhundert wurden an vielen Orten in Skandinavien sogenannte Stabkirchen errichtet. Sie bestehen aus aufrechten Holzmasten und enthalten auf den Dächern und im Inneren sowohl wikingische Drachen- und Löwenköpfe als auch christliche Kreuze.

Stabkirche

Die Normannen erobern England

Im Jahr 1066 starb der englische König Edward. Da er keine Kinder hatte, ernannten die englischen Adligen Harald Godwinson zum neuen Herrscher der Insel.

Damit waren allerdings nicht alle einverstanden. Der norwegische Wikingerkönig Harald der Harte überquerte mit einem Heer die Nordsee und landete an der Nordostküste Englands. Daraufhin zog der frisch ernannte englische König Harald Godwinson mit seinen Truppen gen Norden. Es gelang ihm, die Wikinger zu schlagen, er sah sich jedoch schon wieder vor ein neues Problem gestellt: Nur drei Tage nach dem Sieg landete der normannische Herzog Wilhelm mit einem riesigen Heer an der Südküste Englands, um das Land zu erobern.

Harald Godwinson blieb nichts anderes übrig, als mit seinen Männern in höchster Eile die 400 Kilometer weite Strecke in den Süden Englands zurückzumarschieren. Er schaffte dies in nur neun Tagen. Allerdings standen seinen völlig entkräfteten Männern dort die hervorragenden Bogenschützen und Reiterkrieger von Wilhelm gegenüber. Am 14. Oktober 1066 kam es zur alles entscheidenden Schlacht bei Hastings: Harald und seine Truppen unterlagen den Normannen. Wilhelm trug seitdem den Namen „Wilhelm der Eroberer" und ließ sich am Weihnachtstag 1066 zum englischen König krönen.

Die Normannen, die 1066 England eroberten, waren ehemalige Wikinger. Im Jahr 911 hatte der norwegische Wikingeranführer Rollo von dem französischen König ein Stück Land erhalten: die Normandie. Im Gegenzug versprach Rollo, die französische Küste vor weiteren Wikingerüberfällen zu schützen. Die in der Normandie angesiedelten Wikinger nahmen schnell die einheimischen Sitten und Gebräuche, ebenso wie die französische Sprache an. Auch ließen sie sich taufen und wurden Christen.

Die Wikinger heute

Die Zeit der Wikinger liegt rund tausend Jahre zurück. Seitdem haben sich sehr viele Dinge verändert: Statt mit Drachenbooten auf Raubzüge auszulaufen, fahren wir mit Autos in den Urlaub; auch schlafen wir nicht mehr auf piksigem Stroh, sondern in weichen Betten. Hunger, Kälte und Krieg, wie sie zur Zeit der Wikinger üblich waren, kennen wir heute in Europa fast nicht mehr.

Obwohl unser Leben heute viel bequemer ist als das der Wikinger, fasziniert uns diese längst vergangene Zeit mit den starken, mutigen und wilden Männern immer wieder aufs Neue.

Deshalb leben die Wikinger immer weiter: im Fernsehen, in Büchern und auf Festivals.

„Wickie und die starken Männer" ist zum Beispiel eine beliebte Fernsehserie und „Hägar der Schreckliche" erlebt seine Abenteuer in Comic-Heften.

Auf einem Wikingerfestival versuchen die Menschen nachzuvollziehen, wie die Wikinger damals gelebt haben. Sie ziehen zum Beispiel Wikingerkostüme an, bauen Schilde, stellen Handwerkswaren und Schmuck her, kochen wie die Wikinger und kämpfen sogar gegeneinander.

Wikinger-Festival

Stichwortverzeichnis